BEI GRIN MACHT SICH IHR WISSEN BEZAHLT

- Wir veröffentlichen Ihre Hausarbeit,
  Bachelor- und Masterarbeit

- Ihr eigenes eBook und Buch -
  weltweit in allen wichtigen Shops

- Verdienen Sie an jedem Verkauf

Jetzt bei www.GRIN.com hochladen
und kostenlos publizieren

Leah Pielok

Gentrifizierung und Stadtteilentwicklung am Beispiel Hannover-Lindens

GRIN Verlag

Bibliografische Information der Deutschen Nationalbibliothek:

Die Deutsche Bibliothek verzeichnet diese Publikation in der Deutschen National-
bibliografie; detaillierte bibliografische Daten sind im Internet über http://dnb.d-
nb.de/ abrufbar.

Impressum:

Copyright © 2014 GRIN Verlag GmbH
Druck und Bindung: Books on Demand GmbH, Norderstedt Germany
ISBN: 978-3-656-84544-7

Dieses Buch bei GRIN:

http://www.grin.com/de/e-book/284099/gentrifizierung-und-stadtteilentwicklung-
am-beispiel-hannover-lindens

GRIN - Your knowledge has value

Der GRIN Verlag publiziert seit 1998 wissenschaftliche Arbeiten von Studenten, Hochschullehrern und anderen Akademikern als eBook und gedrucktes Buch. Die Verlagswebsite www.grin.com ist die ideale Plattform zur Veröffentlichung von Hausarbeiten, Abschlussarbeiten, wissenschaftlichen Aufsätzen, Dissertationen und Fachbüchern.

Besuchen Sie uns im Internet:

http://www.grin.com/

http://www.facebook.com/grincom

http://www.twitter.com/grin_com

Stadtteilentwicklung und Gentrifizierung am Beispiel Hannover-Lindens

Inhaltsverzeichnis

1. Einleitung

In dieser Facharbeit setze ich mich mit dem Thema der Gentrifizierung und der Stadtteilentwicklung auseinander. Am Beispiel von Hannover-Linden-Limmer untersuche ich, inwiefern die Gentrifizierung Einzug gehalten hat und inwieweit sich der Stadtteil verändert.

Die Motivation mich mit dem Stadtteil, seiner Bevölkerungsstruktur und ihrem Wandel intensiver zu beschäftigen, entstand nicht zuletzt durch meine besondere Beziehung zu diesem Stadtteil. Mir fiel mir auf, dass sich die Struktur der Marktbesucher veränderte.

Die den Marktplatz umgebenden Geschäfte veränderten sich ebenfalls. Zu nennen sind beispielhaft die Eisdiele FRIOLI[1] mit biologischen Erzeugnissen sowie der Blumenladen INDIGO[2], der außer Blumen auch besondere, hochpreisige Wohnaccessoires verkauft. Inmitten alter Gründerzeithäuser entstand ein kleines Wohngebiet, das Gilde-Carré.

Diese Umstände wecken mein Interesse, mich mit diesem Stadtteil im Hinblick auf die sogenannte Gentrifizierung näher zu befassen. Ich möchte genau wissen, was die Gentrifizierung ausmacht, welche Auslöser und auch Folgen sie hat.

In meinem Erdkundeunterricht wurde die „Urbanisierung" thematisiert. Wieder richtete sich mein Fokus auf den Stadtteil Hannover-Linden-Limmer. Ich wollte wissen, ob sich die Gentrifizierung in der Bevölkerung abbilden lässt, nämlich den Wandel von einem Arbeiterviertel hin zu einem angesagten und beliebten Wohngebiet für Besserverdienende und Intellektuelle.

Zunächst verschaffe ich mir einen Überblick über die Geschichte der Zuwanderung nach Hannover-Linden.

Anschließend widme ich mich dem Begriff der Gentrifizierung, welchen ich zuerst definiere und danach erörtere. Am Beispiel des „Gilde-Carrés" werde ich die Gentrifizierung verdeutlichen.

Danach wird die Stadtteilentwicklung Hannover-Linden-Limmers ab dem Jahr 2005 aufgezeigt, durch welche sich die Gentrifizierung ebenfalls abbilden lässt.

Um dem übergeordneten Seminarthema „Zukunftsvisionen: Gestern und

---

[1]Vgl. http://www.frioli.de; letzter Zugriff: 06.11.2014.
[2]Vgl. http://www.indigoblumen.de; letzter Zugriff: 06.11.2014.

Heute" Rechnung zu tragen, werde ich anhand des Zukunftsprojektes „Sport-
und Gesundheitspark Fösse" beispielhaft einen Ausblick in die Zukunft des
Stadtviertels geben.

Abschließend äußere ich mich in meinem Fazit zu den Vor- und Nachteilen der
Gentrifizierung für den Stadtteil Linden.

2. Zuwanderung nach Hannover-Linden – Eine geschichtliche Einordnung

Der Stadtteil Hannover-Linden ist seit dem 19. Jahrhundert von Immigration geprägt.[3]

Bis zu dem Jahr 1840 wanderten viele Beschäftigte aus dem Umland ein.[4] Sie kamen beispielsweise aus dem Calenberger Land und waren auf der Suche nach Arbeit.

Aufgrund der Frühindustrialisierung im 19. Jahrhundert wurden viele Fabriken errichtet.[5] Diese warben Fachkräfte auch aus dem Ausland an. Die ausländischen Fachkräfte kamen unter anderem aus England und dienten als Ausbilder für Einheimische.[6]

Nach dem Beitritt des Königreiches Hannover zum Zollverein im Jahr 1854[7], wurde die Textilindustrie belebt. Die Folge war ein erneuter Zuwachs an Arbeitskräften.[8]

Die Lebenssituation war vor allem durch beschwerliche Arbeitsbedingungen und Wohnungsknappheit bestimmt. Zudem herrschte bei Krisen das ständige Risiko der Erwerbslosigkeit.[9]

Im Jahr 1870 wurde der Bau dreigeschossiger Häuser intensiviert. In Linden-Nord entstand Wohnraum auf dem „Nedderfeld", in Linden-Mitte in der Nähe der Nieschlagstraße sowie in Linden-Süd in geringer Entfernung zu der Charlotten- und Ricklingerstraße.[10]

Der Neubau von Wohnungen war von großer Bedeutung, denn schon im Jahr 1875 verdoppelte sich die Einwohnerzahl Lindens auf ca. 21.000.[11]

Durch Anwerbung günstiger Arbeitskräfte aus dem Osten (z.B. aus Pommern) stieg der Zuzug an Arbeitskräften.

Aus diesem Grund befürchteten die staatlichen Behörden, dass soziale

---

[3]Vgl. http://www.quartier-ev.de/?id=spaziergang:Zuwanderung; letzter Zugriff: 03.11.2014.
[4]Vgl. http://www.quartier-ev.de/?id=spaziergang:Zuwanderung; letzter Zugriff: 03.11.2014.
[5]Vgl. http://www.quartier-ev.de/?id=spaziergang:Zuwanderung; letzter Zugriff: 03.11.2014.
[6]Ebd.
[7]Vgl. http://www.hgisg-ekompendium.ieg-mainz.de/Dokumentation_Datensaetze/Multimedia/Staatenwelten/Deutscher_Zollverein.pdf; 06.11.2014.
[8]Vgl. http://www.quartier-ev.de/?id=spaziergang:Zuwanderung; letzter Zugriff: 03.11.2014.
[9]Ebd.
[10]Ebd.
[11]Ebd.

Missstände entstehen könnten.[12]

Noch bis zum ersten Weltkrieg hielt der Bevölkerungszuwachs, besonders aus dem Osten, an. Die Hoffnung der Einwanderer bestand darin, bessere Verdienstmöglichkeiten vorzufinden sowie in Freiheit arbeiten zu können.[13]

Die Immigration nach Linden stieg nochmals an als neuer, preiswerter Wohnraum zur Verfügung gestellt wurde.[14]

Nach dem zweiten Weltkrieg war Linden einer der Zufluchtsorte für viele obdachlose Personen. Später wurden aufgrund von Wohnungsknappheit Neubauten errichtet.[15]

Zu Beginn der 1970er Jahre fand eine große Zahl von Immigrationen statt. Hierbei handelte es sich überwiegend um Gastarbeiter und deren Familien.[16]

In den 1980er- und 1990er Jahren zogen dann vermehrt Asylanten nach Linden.[17]

Gleichzeitig wurde das Wohnviertel Linden aufgrund der preiswerten Mieten auch für Studenten beliebt.[18]

---

[12]Vgl. http://www.quartier-ev.de/?id=spaziergang:Zuwanderung; letzter Zugriff: 03.11.2014.
[13]Ebd.
[14]Ebd.
[15]Ebd.
[16]Ebd.
[17]Ebd.
[18]Ebd.

3. Gentrifizierung

3.1. Definition – Gentrifizierung

Dem Soziologen ANDREJ HOLM nach, gibt es eine Standarddefinition der Gentrifizierung (auch Gentrification genannt). Diese besagt, dass Gentrifizierung alle Verstädterungsprozesse zusammenfasse, die in Verbindung mit der Verdrängung und dem Austausch der Bevölkerung stünden.[19]

Die Definition nach JÖRG BLASIUS und JENS DANGSCHAT [20] bestimmt die Gentrifizierung genauer.

Die Definition unterstreicht, dass die Gentrifizierung „ [...] ein schnelles Ansteigen des Anteils an Bewohnern der (oberen) **Mittelschicht** in ehemaligen Arbeiterwohngebieten bzw. in zuletzt von Arbeitern bewohnten Gebieten [ist].

Begleitet wird dieser [....] **Bevölkerungsaustausch** von einer Umwandlung des Wohnungsbestandes durch Modernisierung, Umwandlung von Miet- in **Eigentumswohnungen** [...]. Er beinhaltet auch eine **Reinvestition** in den Wohnungsbestand und in die Infrastruktur dieser Gebiete."[21]

3.2. Merkmale der Gentrifizierung

Im Wesentlichen gibt es vier Merkmale der Gentrifizierung. Dazu zählen die bauliche, die soziale, die funktionale und die symbolische Aufwertung.[22]

Ersteres beschreibt Gebäudesanierungen und Neubauten in Vierteln. So werden das Wohnumfeld und die Infrastruktur verbessert. Die alten und ursprünglichen Strukturen genügen nicht mehr den Anforderungen der neuen Einwohnerschaft und werden hier durch neue, dem Klientel entsprechende ausgetauscht. [23]

Die soziale Aufwertung beschreibt die Immigration einer statushöheren Bevölkerungsschicht. In erste Linie ziehen besserverdienende und höher gebildete Personen in das Viertel und steigern so dessen Attraktivität.

---

[19]Vgl. http://www.zeit.de/lebensart/2010-10/gentrifizierung-andrej-holm; letzter Zugriff: 01.11.2014.
[20]BLASIUS, JÖRG; DANGSCHAT, JENS (Hg.) (1990): Gentrification. Die Aufwertung innenstadtnaher Wohnviertel. Frankfurt/Main; New York: Campus Verlag, S. 2224.
[21]Ebd.
[22]KRAJEWSKI, CHRISTIAN (2004): Workshop AK Stadtzukünfte 2004 – Gentrification in zentrumsnahen Stadtquartieren in Berlin.
[23]Ebd.

Das dritte Merkmal ist die funktionale Aufwertung. In einem Viertel, welches dem Prozess der Gentrifizierung unterliegt, eröffnen dem Klientel entsprechend neue Geschäfte sowie das Angebot von Dienstleistungen steigt an.

Dr. CHRISTIAN KRAJEWSKI spricht hier von „qualitativer und quantitativer Angebotsausweitung"[24], was bedeutet, dass die Struktur des Angebots dem Käufer angepasst ist.[25]

Die symbolische Aufwertung stellt ein viertes Merkmal der Gentrifizierung dar. Die positive Reputation wird durch die Medien verbreitet, was bedeutet, dass vor allem die Medienpräsenz des Viertels eine große Rolle spielt.

Als Konsequenz daraus erlangt das Viertel eine allgemein höhere Zustimmung und wird attraktiver.[26]

3.3. Auslöser und die vier Phasen der Gentrifizierung

Wissenschaftlich betrachtet, lässt sich die Gentrifizierung in vier Ablaufphasen einteilen. Diese beschreiben jeweils die sozialen Gruppen, die Akteure, Boden- und Mietpreise, die Reputation des Viertels sowie die Verdrängung von alteingesessenen Bewohnern.

Jede Phase hat spezifische Merkmale, die sie von den anderen Phasen abgrenzt.

Dieses Modell wurde von JÜRGEN FRIEDRICHS entworfen. Sein Werk „Gentrification" stellt einen Auszug von HARTMUT HÄUßERMANNS „Großstadt: Soziologische Stichworte" dar[27].

Des Weiteren wird das Werk „Gentrification. Die Aufwertung innenstadtnaher Wohnviertel.", verfasst von JÖRG BLASIUS und JENS DANGSCHAT[28] herangezogen, in welchem ebenfalls der Prozess der Gentrifizierung modellhaft dargestellt wird.

Phase 1:

In der ersten Phase ziehen vermehrt Pioniere[29] in das Department ein.[30]

---

[24]KRAJEWSKI, CHRISTIAN (2004): Workshop AK Stadtzukünfte 2004 – Gentrification in zentrumsnahen Stadtquartieren in Berlin.
[25]Ebd.
[26]KRAJEWSKI, CHRISTIAN (2004): Workshop AK Stadtzukünfte 2004 – Gentrification in zentrumsnahen Stadtquartieren in Berlin.
[27]FRIEDRICHS, JÜRGEN (1998): Großstadt. Soziologische Stichworte. In: HÄUßERMANN, HARTMUT, Opladen: Leske und Budrich, S. 5766.
[28]BLASIUS, JÖRG; DANGSCHAT, JENS (Hg.) (1990): Gentrification. Die Aufwertung innenstadtnaher Wohnviertel. Frankfurt/Main; New York: Campus Verlag, S. 2224.
[29]Pioniere: Personen, die als erstes in ein neues Viertel ziehen und es so publik machen.
[30]FRIEDRICHS, JÜRGEN (1998): Großstadt. Soziologische Stichworte. In: HÄUßERMANN, HARTMUT,

Bei den sogenannten Pionieren handelt es sich um Personen mit einem höheren Bildungsstatus als die Ortsansässigen. Meist sind es kinderlose Ein- bis Zweipersonenhaushalte. Ihnen gebührt ein kulturell höherer Bildungsstatus, zu diesem zählen beispielsweise Studenten, Künstler und Fotografen. Sie werden unter anderem als Auslöser für die Gentrifizierung gehandelt, da sie die zeitlich gesehen Ersten sind, die in das neue Gebiet ziehen. Die Pioniere veranlassen die neue Entwicklung des Viertels, da sie ihren Wohnort und ihre Wohnungen nach ihren Vorstellungen umgestalten.[31]

Die vorrangigen Akteure dieser Phase sind Pioniere, welche über wenig Einkommen verfügen, jedoch leerstehende Wohnungen mieten und damit risikofreudig agieren. Sobald eine größere Anzahl an Pionieren in das Gebiet gezogen ist, verändern sich schon erste Bereiche der Infrastruktur.[32]

Die Boden- und Mietpreise sowie die Reputation des Viertels bleiben unverändert.

Zu dieser Zeit findet auch noch keine Verdrängung Ansässiger statt, da lediglich freie Wohnungen belegt werden.[33]

Phase 2:

Die zweite Phase zeichnet sich dadurch aus, dass weitere Pioniere sowie erste Gentrifier[34] in das Gebiet ziehen.[35]

Pioniere und Gentrifier sind die Hauptakteure. Gentrifier sind Personen, welche über eine höhere Schulbildung und ein höheres Einkommen als ansässige Bewohner verfügen. Es handelt sich dabei meist um Paare, welche mit oder auch ohne Kinder in das Gebiet ziehen. Die Käufer von Wohnraum sind risikoscheu.

Dies bedeutet, dass sie erst in das Wohnviertel ziehen, sobald der Wandel zu einem Gebiet mit hoher Reputation absehbar ist.[36]

Gentrifier gelten wissenschaftlich als der zweite Auslöser der Gentrifizierung.

Opladen: Leske und Budrich, S. 5766.

[31] Ebd.

[32] Ebd.

[33] Ebd.

[34] Gentrifier: Personen, die eine Nachbarschaft durch die Renovierung alter Gebäude aufbessern, sodass weitere Wohlhabende in das Viertel ziehen.

[35] FRIEDRICHS, JÜRGEN (1998): Großstadt. Soziologische Stichworte. In: HÄUßERMANN, HARTMUT, Opladen: Leske und Budrich, S. 5766.

[36] FRIEDRICHS, JÜRGEN (1998): Großstadt. Soziologische Stichworte. In: HÄUßERMANN, HARTMUT, Opladen: Leske und Budrich, S. 5766.

Der Theorie des amerikanischen Wissenschaftlers DAVID LEY nach zu urteilen, ist die kulturelle Haltung der Gentrifier der Ausgangspunkt der Gentrifizierung. Das Wachstum der intellektuell gebildeten Mittelschicht ist als Konsequenz der Umstrukturierung von entscheidenden, industriellen Strukturen zu sehen. Zudem strukturieren die Gentrifier das Viertel vollständig um, sodass seine alte Struktur kaum mehr erkennbar ist.[37]

Nun gilt das Gebiet als zukunftsträchtig, sodass Makler, Investoren und Spekulanten besonderes Interesse zeigen. Als eine weitere Konsequenz ist zu vermerken, dass Banken möglichen Investoren eher Kredite verleihen. Die Kredite werden unter anderem zur steigenden Anzahl von Modernisierungen genutzt. Folglich steigen der Bodenpreis und die Mieten, jedoch sind diese immer noch preiswert.[38]

In der zweiten Phase wandelt sich auch die Reputation des Viertels. Neue Geschäfte, Dienstleistungsbetriebe sowie Szenelokale entstehen. Dadurch gewinnt das Gebiet an Bekanntheit, sodass sein sich vollziehender Wandel in der Stadt apperzipiert wird.

Im Zuge dessen steigt die Nachfrage und Mietpreiserhöhungen führen zum Fortzug alteingesessener Personen.[39]

Phase 3:

In der dritten Phase findet ein verstärkter Zuzug von Gentrifiern statt, welche durch die Medien von dem Wandel des Viertels erfahren.[40]

Die Reaktion von den älteren Bewohnern und den Pionieren ist geteilt. Während die älteren Bewohner überwiegend affirmativ auf die Veränderungen reagieren, äußern die Pioniere ihren Unmut über den Verlust der kulturellen Vielfalt aufgrund der vermögenden Personen.

Hier kann es zu sozialen Konflikten wie auch zu organisiertem Widerstand kommen.[41]

Durch die stärkere Kapitalisierung des Wohnungswertes steigen Boden- und Mietpreise an. Außerdem mehren sich Spekulationen und Umwandlungen von

---

[37]LEY, DAVID (1994): Gentrification and the Politics of the New Middle Class. Society and Space 12, S. 53-74.
[38]FRIEDRICHS, JÜRGEN (1998): Großstadt. Soziologische Stichworte. In: HÄUßERMANN, HARTMUT, Opladen: Leske und Budrich, S. 5766.
[39]Ebd.
[40]Ebd.
[41]FRIEDRICHS, JÜRGEN (1998): Großstadt. Soziologische Stichworte. In: HÄUßERMANN, HARTMUT, Opladen: Leske und Budrich, S. 5766.

Miet- in Eigentumswohnungen. [42]

Die Wandlung der Reputation führt zu Eröffnungen neuer Geschäfte, beispielsweise in Form von Boutiquen und Antiquariaten. Summarisch findet durch eine differenzierte Nachfrage der neuen Bevölkerungsschicht ein Wechsel in der Geschäftsstruktur des Viertels mit einem dem neuen Klientel angepassten Warenangebot statt.

Die Folge ist, dass lang ansässige Personen und auch Pioniere aufgrund von Mieterhöhungen, Umwandlungen und einem veränderten Umfeld verdrängt werden. [43]

Phase 4:

Die vierte Phase ist durch die fast ausschließliche Einwanderung von Gentrifiern charakterisiert. Diese Neubürger zeichnen sich durch ein deutlich höheres Einkommen als die zuvor zugezogenen Gentrifier aus den vorherigen Phasen aus. Darüber hinaus handelt es sich auch hier um besonders risikoaverse Personen. [44]

Aufgrund vermehrten Zuzugs steigen die Bodenpreise immer weiter an und Investoren kaufen verstärkt Immobilien. Durch eine Modernisierung und den Weiterverkauf als Eigentumswohnung gilt das Gebiet als eine sichere Kapitalanlage. [45]

In diesem Zusammenhang ist der Wandel des Viertels vollständig vollzogen. Durch seine gute Reputation zeichnet sich das begehrte Wohngebiet aus. Die Zahl der Geschäfte, das Warenangebot und die Dienstleistungen steigen der Kundschaft entsprechend immer weiter an.

Fortwährend findet ein kumulativer Wegzug von ursprünglich Ansässigen und Pionieren statt, da diese nicht mehr in der Lage sind, die steigenden Mieten zu bezahlen.

Zudem sind auch frühere Gentrifier von der Umwandlung in Eigentumswohnungen betroffen und fürchten so um ihre Existenz.

Mit Vollzug der vierten Phase hat sich das reizlose Viertel zu einem Luxusviertel gewandelt. [46]

---

[42]Ebd.
[43]FRIEDRICHS, JÜRGEN (1998): Großstadt. Soziologische Stichworte. In: HÄUßERMANN, HARTMUT, Opladen: Leske und Budrich, S. 5766.
[44]Ebd.
[45]Ebd.
[46]FRIEDRICHS, JÜRGEN (1998): Großstadt. Soziologische Stichworte. In: HÄUßERMANN, HARTMUT,

3.4. Das Gilde-Carré in Hannover-Linden

Bei dem Gilde-Carré in Hannover-Linden handelt es sich um ein Wohnprojekt des Wohnungsbauunternehmens OSTLAND aus dem Jahr 2004, welches auf dem ehemaligen Brauereigelände der Firma GILDE verwirklicht wurde. Für dieses Bauvorhaben wurde die einstige Brauerei abgerissen und anstelle dieser entstanden auf einer Fläche von 2,2ha 67 neue Wohneinheiten in Form von Reihenhäusern und seniorengerechten Wohnungen.

Das Gilde-Carré wirbt damit, dass „das neue Quartier Vorteile miteinander [verbindet], die sich bislang zu widersprechen schienen:

– Einerseits eine zentrale, innerstädtische Lage mit allen Vorteilen städtischen Lebens direkt vor der Haustür – etwa Kultur, Einkaufsgelegenheiten, Cafés und öffentlicher Nahverkehr mit Bus und Bahn.

– Andererseits eine ruhige, individuelle und private Wohnung/ein Haus direkt im Grünen. Die Stadthäuser im GILDE-CARRÉ bieten zum Beispiel Dachterrassen, private Kleingärten und Atriumhöfe."[47]

Hier wird mit den Vorteilen der Verbindung aus Stadtleben und der Nähe zur Natur geworben. Es wurde ein exklusiver und hochpreisiger Wohnraum geschaffen.

Anhand von aktuellen Immobilienpreisen wollte ich die Exklusivität belegen, jedoch wurde mir bei meiner Preisanfrage bei dem Unternehmen OSTLAND eine Auskunft verweigert, sodass mir kein aktueller Preis vorliegt.[48]

Bevölkerungsstrukturell gesehen ist Hannover-Linden ein sehr vielfältiger Stadtteil [49]. Hier leben Studenten, Familien, Migranten, Rentner und einkommensstarke Akademiker nebeneinander. Grund hierfür ist sicherlich auch die sehr lebendige Kulturszene und eine stetig wachsende Zahl an Restaurants und Kneipen. So wurde der Stadtteil auch als Wohnstandort immer beliebter und die Mieten und Immobilienpreise stiegen in den letzten Jahren

---

Opladen: Leske und Budrich, S. 5766.

[47] http://www.ostland.de/wohnen-leben/gilde-carre/; letzter Zugriff: 01.11.2014.

[48] Vgl. E-Mail: Preisanfrage an OSTLAND.

[49] Vgl. https://e-government.hannover-stadt.de/lhhSIMwebdd.nsf/6AA93CF69B2E0E11C12576B9005284A5/$FILE/STBR10_20091 216_Anlage1.pdf; letzter Zugriff: 01.11.2014.

stetig an. Beispielhaft hierfür ist eine zum Verkauf stehende Altbauwohnung in Hannover-Linden, die für 535.000 Euro[50] angeboten wird.

Die soziale Veränderung spiegelt sich in den neu zugezogenen Personen wider. Viele Familien haben generationsübergreifend Wohnraum gekauft, sodass Jung und Alt nebeneinander leben können und jeder individuell seiner Bedürfnisse entsprechend versorgt ist.[51] Ein Beispiel für das individuelle Angebot ist der Gymnastikraum für „Bewegungsmeditation oder Mädchen-Körpertanz"[52]. Diese Art der Freizeitaktivitäten spricht zum einen nur gut situierte Personen an, zum anderen kann sich auch nur dieser eingeschränkte Personenkreis dieses Angebot vermutlich leisten. Folglich ist der Wohnraum also nur einem exklusiven Personenkreis vorenthalten. Allein die Wohnanlage selektiert also einkommensschwache Familien aus.

Das ehemalige Gelände der Brauerei wurde umstrukturiert, sodass alte Strukturen nicht mehr erkennbar sind. Modernisierungen und Investitionen wurden hier in großem Rahmen getätigt. Möglicherweise sehen die Hauseigentümer auch eine Kapitalanlage in den zentrumsnahen Grundstücken. Durch diese Faktoren steigt auch der Mietpreis in Linden-Mitte immer weiter an. Aufgrund dessen ist der Mietpreis 2014 im Vergleich zum Vorjahr um etwa 10,1% gestiegen[53].

Im Vergleich zu dem geographisch nahen Stadtteil Hannover-Mühlenberg, in welchem der Quadratmeterpreis für eine Mietwohnung bei 5,10 Euro[54] liegt, beträgt der Quadratmeterpreis in Hannover-Linden 7,00 Euro[55].
Es werden Preisdimensionen erreicht, die nicht mehr für jedermann bezahlbar sind.
Aus diesem Grund müssen nun alteingesessene Personen aus dem Stadtteil

---

[50]Vgl. http://www.engelvoelkers.com/de/hannover/linden/altbauraritaumlt-in-gruumlnderzeitvilla-w-01hnxn-2503787.1060159_exp/?startIndex=0&businessArea=&q=Hannover&facets=bsnssr%3Aresidential%3Bcntry%3Agermany%3Bdstrct%3Ahannoverr%3Blcncr%3Alinden%3Bobjcttyp%3Acondo%3Brgn%3Alower_saxony%3Btyp%3Abuy%3B&pageSize=10&language=de&elang=de; letzter Zugriff: 06.11.2014.
[51]Vgl. http://www.haz.de/Hannover/Aus-den-Stadtteilen/West/Gilde-Carre-setzt-Massstaebe-fuer-urbanes-Wohnen; letzter Zugriff: 01.11.2014.
[52]Ebd.
[53]Vgl. http://www.immobilienscout24.de/wohnen/niedersachsen,hannover,linden-mitte.html; letzter Zugriff: 01.11.2014.
[54]Vgl. http://www.immobilienscout24.de/wohnen/niedersachsen,hannover,muehlenberg.html; letzter Zugriff: 07.11.2014.
[55]Vgl. http://www.immobilienscout24.de/wohnen/niedersachsen,hannover,linden-mitte.html; letzter Zugriff: 01.11.2014.

Linden in andere Stadtteile umziehen.

Im Wohnviertel Linden hat demzufolge der Prozess der Gentrifizierung eindeutig Einzug erhalten, sodass sich Linden dem Modell der Gentrifizierung zufolge etwa in Phase 2 befindet.[56]

---

[56]Vgl. Phase 2 des Modells der Gentrifizierung (Seite 7f.).

4. Stadtteilentwicklung Hannover-Linden-Limmers ab dem Jahr 2005

Die folgenden Daten sind den Strukturberichten der Jahre 2005 bis 2014 der Stadt Hannover zu entnehmen und beziehen sich auf den Stadtteil Linden-Limmer.[57]

Hierbei werden die Entwicklung der Einwohnerzahl, der Altersstruktur, der Zu- und Fortzüge sowie dem Wanderungssaldo[58], der Zahl der Arbeitslosen sowie der sozialversicherungspflichtig Beschäftigten und der Wohnungsleerstände und der absoluten Zahl der Wohngebäude berücksichtigt. Anzumerken ist, dass in einigen Jahren bestimmte Daten nicht erhoben wurden, sodass eine Nichtberücksichtigung dieses Jahres stattfand.[59]

Grundsätzlich lässt sich zunächst einmal feststellen, dass sich der Stadtteil Linden-Limmer in einem Wandel befindet, sodass Schwankungen innerhalb des untersuchten Zeitraumes von 2005 bis 2014 feststellbar sind. Trotzdem sind immer eindeutige Trends erkennbar, sodass von einer Tendenz ausgegangen werden kann.[60]

Die absolute Einwohnerzahl hat sich innerhalb des betrachteten Zeitraumes um 677 Einwohner von 43.418 auf 44.095 Einwohner erhöht.[61] Im Zuge dessen sank der Anteil der 0 bis 17-jährigen einen Prozentpunkt auf 14,4% und ebenso der Anteil der über 60-jährigen um 0,5 Prozentpunkte auf 16,8%.[62] Im Vergleich dazu stieg der Anteil der 18 bis 59-jährigen von 67,3% auf 68,8%, was einen Zuwachs von 1,5 Prozentpunkten bedeutet.[63]

Diese Veränderung der Einwohnerstruktur deutet auf die Anfänge einer Gentrifizierung hin, da es sich bei den Pionieren und Gentrifiern überwiegend um Studenten und Berufstätige handelt. Die Veränderung der Bevölkerungsstruktur ist der erste Schritt hin zu einer Gentrifizierung.[64]

Folglich steht der steigende Mietpreis im Zusammenhang mit der verbesserten

---

[57]Vgl. Strukturdaten der Stadtteile und Stadtbezirke 2005-2014 (Stadt Hannover); s. http://www.hannover.de/Leben-in-der-Region-Hannover/Politik/Wahlen-Statistik/Statistikstellen-von-Stadt-und-Region/Statistikstelle-der-Landeshauptstadt-Hannover2/Strukturdaten-der-Stadtteile-und-Stadtbezirke2; letzter Zugriff: 03.11.2014.
[58]Wanderungssaldo: Unterschied, der sich aus Zu- und Fortzügen ergibt.
[59]Vgl. Tabelle „Stadtteilentwicklung Linden-Limmers (Hannover) ab dem Jahr 2005".
[60]Vgl. Diagramme.
[61]Vgl. Tabelle „Stadtteilentwicklung Linden-Limmers (Hannover) ab dem Jahr 2005".
[62]Vgl. Tabelle „Stadtteilentwicklung Linden-Limmers (Hannover) ab dem Jahr 2005".
[63]Ebd.
[64]Vgl. Phase 1 und 2 des Modells der Gentrifizierung (Seite 7f.).

Reputation des Viertels.

Finanziell schwache Personen sind nicht mehr in der Lage, die steigenden Mieten zu zahlen. Das Viertel wird begehrter für Personen mit höherem Einkommen.

Anhand der Werte der Wohnungsleerstände lässt sich erkennen, dass die Zahl der Wohnungsleerstände von 3,7% im Jahr 2008 auf 1,9% im Jahr 2014 zurückgegangen ist.[65] Hier wird deutlich, dass der Wohnraum im Wohngebiet Linden-Limmer immer knapper wird und dadurch an Beliebtheit und Bedeutung gewinnt, sodass der Kauf von Immobilien in diesem Gebiet ansteigt.

Dies könnte bedeuten, dass Spekulanten, Investoren und Anleger Kapital binden möchten, indem sie verstärkt in diesem Stadtteil Immobilien erwerben. Sie hoffen auf eine Wertsteigerung ihrer Immobilie im Zuge der verbesserten Reputation des Viertels. Dieser Aspekt wird gestützt durch die dritte Phase des Modells der Gentrifizierung.[66]

Verdeutlicht wird der Wandel des Wohnviertels zudem durch die Anzahl der Wohngebäude.[67] Die Zahl von 2.973 Wohngebäuden im Jahr 2005 stieg auf 3.040 im Jahr 2013 an.[68] Schlussfolgernd finden ab dem Jahr 2005 nun Modernisierungen und Neubauten vermehrt statt. So wurden 67 neue Wohngebäude mit mehreren Wohnungen gebaut. Daraus folgt, dass sich die Struktur des Stadtteils verändert, obwohl Linden bei den Hannoveranern für seine Altbauwohnungen bekannt ist.

Auffällig ist auch, dass die Zahl der Arbeitslosen im Stadtteil Linden-Limmer immer weiter abnimmt.[69] Im Jahr 2006 wohnten noch 5.233 Arbeitslose in diesem Stadtteil, wo hingehen die Zahl im Jahr 2014 auf 3.242 zurückgegangen ist.[70] Hierbei handelt es sich um einen Rückgang von 1.991 Arbeitslosen, die möglicherweise aus dem Stadtteil aufgrund der steigenden Mieten ziehen mussten.

Im Gegenzug steigt die Zahl der sozialversicherungspflichtig Beschäftigten von

---

[65]Vgl. Phase 1 und 2 des Modells der Gentrifizierung (Seite 7f.).
[66]vgl. Phase 3 des Modells der Gentrifizierung (Seite 8f.).
[67]Vgl. Diagramm „Wohngebäude absolut".
[68]Vgl. Tabelle „Stadtteilentwicklung Linden-Limmers (Hannover) ab dem Jahr 2005".
[69]Vgl. Diagramm „Arbeitslose".
[70]Vgl. Tabelle „Stadtteilentwicklung Linden-Limmers (Hannover) ab dem Jahr 2005".

13.745 im Jahr 2006 auf 15.638 im Jahr 2014 an.[71] Es ist ein Zuwachs von 1.893 sozialversicherungspflichtig Beschäftigten feststellbar. Diese Zahlen verdeutlichen, dass die Anzahl an Beschäftigten in dem Viertel steigt.

Jedoch müssen Arbeitslose und einkommensschwache Personen aus dem Stadtteil ziehen, da sie den Wohnraum nicht mehr bezahlen können. Dem Modell nach zu urteilen, wird hiermit die zweite und auch dritte Phase der Gentrifizierung beschrieben.[72] Der Fortzug alteingesessener Personen nimmt zu, wo hingegen neue Gentrifier Einzug in das Gebiet halten.

Insgesamt betrachtet, befindet sich der Stadtteil Hannover-Linden-Limmer in einem Umbruch, sowohl in der Bevölkerungs- als auch in der Wohnungsstruktur. Es handelt sich zwar nicht um größere Zahlensprünge, doch lässt sich eine eindeutige Tendenz feststellen.

---

[71]Vgl. Tabelle „Stadtteilentwicklung Linden-Limmers (Hannover) ab dem Jahr 2005".
[72]Vgl. Phase 2 und 3 des Modells der Gentrifizierung (Seite 7ff.).

5. Zukunftsprojekt – „Sport- und Gesundheitspark" Fösse

Das Fössebad zählt zu den ältesten und traditionsreichsten Bädern in Hannover und wurde vor etwa 120 Jahren eröffnet. Damals diente eine Stauung des Flusses Fösse als Badebecken.

Durch eine Veränderung der Rahmenbedingungen beschloss die Stadt Hannover im Jahr 1954 eine „großzügige, kombinierte Hallen- und Freibadanlage" zu erbauen. [73] Nach sechsjähriger Bauphase konnte das renovierte Fössebad im Jahr 1960 wieder eröffnen. Aufgrund der Verbindung von Hallen- und Freibadanlage stellt das Fössebad eine Neuheit in Deutschland dar, da zu dieser Zeit kein derartiges Schwimmbad existierte. [74]

Da sich die Bevölkerung verbunden mit deren Ansprüchen an die Infrastruktur wandelt, befindet sich das Fössebad seit dem Jahr 2012 erneut in einer Umstrukturierung. Die Stadtverwaltung hat ein Wasserflächenkonzept für die gesamte Stadt Hannover ausgearbeitet, welches sich mit der langfristigen Sicherung verschiedener Bäder in Hannover beschäftigt. [75]

Aus dem Fössebad soll ein Sport- und Gesundheitspark mit vielfältigen Freizeitangeboten entstehen. Das Konzept sieht unter anderem sechs Ausbau- und Investitionsstufen vor. [76]

Das Konzept für die Stufen 1 bis 3 beinhaltet, dass ein Außenbecken neu gebaut werden soll. Außerdem sollen die Freizeitangebote erweitert werden, beispielsweise in Form eines Boulefeldes. [77] Des Weiteren sollen die Umkleidebereiche verkleinert werden, damit ein Fitnesskomplex entstehen kann. Der Bau einer Blocksauna ist ebenfalls von den Architekten vorgesehen.

Die Kosten für die Umstrukturierung der Stufen 1 bis 3 des Fössebades sollen sich nach Berechnungen auf 1,9 Millionen Euro belaufen. [78]

Außerdem sehen die Stufen 4 bis 6 optional einen Bau von Kletteranlagen und

---

[73]Vgl.
http://www.foessebad.de/index.php?id=19&tx_ttnews%5Btt_news%5D=5&cHash=c4082ca9
c195a7fed6b0f813ed29b373; letzter Zugriff: 02.11.2014.
[74]Ebd.
[75]Vgl. http://www.hannover-entdecken.de/content/view/21489/1/; letzter Zugriff: 02.11.2014.
[76]Ebd.
[77]s. Planung im Anhang.
[78]Vgl.
http://www.foessebad.de/index.php?id=19&tx_ttnews%5Btt_news%5D=5&cHash=c4082ca9
c195a7fed6b0f813ed29b373; letzter Zugriff: 02.11.2014.

einem Kindergarten vor, sobald Investoren gefunden worden sind.[79]

Nach der Schließung des Außenbereiches des Fössebades im Jahr 2012 wird im Rat der Stadt Hannover über einen Neubau beziehungsweise eine Sanierung diskutiert[80]. Eine Sanierung des Fössebades könne aufgrund der im Jahr 2006 beschlossenen Bäderanalyse nicht durchgeführt werden, so die Meinung des Einzelvertreters JÖRG SCHIMKE im Bezirksrat.[81]

Aus diesen Ausführungen lassen sich die nun konkrete Folgen für den Stadtteil in Bezug auf das Fössebad ableiten.

Ersichtlich in Bezug auf die Umstrukturierung des Fössebades ist, dass die Gentrifizierung Einzug erhalten hat. Den Anforderungen der Neu-Bürger entsprechend soll das Schwimmbad unter anderem zu einem Fitnesskomplex mit Saunabereich umgebaut werden. Hier ist erkennbar, dass eine neue Bevölkerungsschicht nach Linden gezogen ist, die die öffentliche Infrastruktur dominiert. Gerade am Beispiel des Fitnesskomplexes lässt sich abbilden, dass die Gentrifizierung des Viertels voranschreitet.

Die Mitgliedschaft in einem Fitnessstudio kostet heute bis zu 100 Euro im Monat.[82] Diesen Betrag können nur wenige Bevölkerungsgruppen aufbringen. Da die bestehenden Strukturen (hier: Fössebad) allerdings den neuen Anforderungen an ein Freizeitbad weichen müssen, ist diese Modernisierung sehr kostenaufwendig und beziffert sich auf mehr als 1,9 Millionen Euro.[83] Diese Summe muss durch einen hohen Eintrittspreis konsequenterweise ausgeglichen werden, sodass das Fössebad zukünftig nur noch einer exklusiven Bevölkerungsschicht zugänglich ist. Personen mit geringerem Einkommen werden sich die Eintrittspreise möglicherweise zukünftig schwer leisten können.

---

[79]Vgl.
   http://www.foessebad.de/index.php?id=19&tx_ttnews%5Btt_news%5D=5&cHash=c4082ca9
   c195a7fed6b0f813ed29b373; letzter Zugriff: 02.11.2014.
[80]Vgl. http://www.haz.de/Hannover/Aus-den-Stadtteilen/West/Politiker-fordern-1-5-Millionen-
   fuer-das-Foessebad-Hannover; letzter Zugriff: 02.11.2014.
[81]Ebd.
[82]Vgl. http://aspria.de/maschsee/aspria-aktuell/; letzter Zugriff: 02.11.2014.
[83]Vgl.
   http://www.foessebad.de/index.php?id=19&tx_ttnews%5Btt_news%5D=5&cHash=c4082ca9
   c195a7fed6b0f813ed29b373; letzter Zugriff: 02.11.2014.

6. Fazit

Zu allererst kann ich anhand der Literatur, des Phasenmodells Gentrifizierung und nicht zuletzt durch meine persönlichen Eindrücke festhalten, dass sich Hannover-Linden-Limmer im Wandel befindet.

Der Zuzug von Neubürgern aus der oberen Mittelschicht bestimmt die Veränderung in Teilbereichen des Viertels. Dies begründet sich durch einen überproportionalen Anstieg der Mieten beziehungsweise der Immobilienpreise. Dies ist durchaus auch kritisch zu bewerten, da alteingesessene Bürger verdrängt worden sind und zukünftig werden. Dadurch wurden und werden bewährte Strukturen zerstört, mit der Folge, dass eine Zweiklassengesellschaft entsteht.

Positiv hervorzuheben ist die verbesserte Reputation des Viertels. Durch den Wandel wird das Viertel lebhafter, moderner und dadurch auch attraktiver. Es entsteht eine höhere Kaufkraft, von der die ansässigen Geschäftsinhaber und Dienstleister eindeutig profitieren. Gleichzeitig werden Wohnungen und ganze Straßenzüge modernisiert und renoviert, sodass historische Gebäude erhalten werden. Das erhöht die Attraktivität des Lebensraumes.

Für die Zukunft wünsche ich mir für den Stadtteil Linden, dass nicht alle alteingesessen Bürger vertrieben werden, damit auch weiterhin ein homogener Querschnitt durch alle Bevölkerungsgruppen dort vertreten ist. Hier ist die Politik gefordert die Rahmenbedingungen für den Bau oder den Erhalt von preiswertem und attraktivem Wohnraum zu schaffen.